BEI GRIN MACHT SICH IHR WISSEN BEZAHLT

- Wir veröffentlichen Ihre Hausarbeit,
  Bachelor- und Masterarbeit

- Ihr eigenes eBook und Buch -
  weltweit in allen wichtigen Shops

- Verdienen Sie an jedem Verkauf

Jetzt bei www.GRIN.com hochladen und kostenlos publizieren

Julie Wimmer

Leiden Kinder unter der Berufstätigkeit der Mütter?

Wissenschaftliche Analyse und Betrachtung der Meinungen im Europäischen Raum

GRIN Verlag

Bibliografische Information der Deutschen Nationalbibliothek:

Die Deutsche Bibliothek verzeichnet diese Publikation in der Deutschen National-
bibliografie; detaillierte bibliografische Daten sind im Internet über http://dnb.d-
nb.de/ abrufbar.

Impressum:

Copyright © 2011 GRIN Verlag GmbH
Druck und Bindung: Books on Demand GmbH, Norderstedt Germany
ISBN: 978-3-656-82834-1

Dieses Buch bei GRIN:

http://www.grin.com/de/e-book/283438/leiden-kinder-unter-der-berufstaetigkeit-
der-muetter

GRIN - Your knowledge has value

Der GRIN Verlag publiziert seit 1998 wissenschaftliche Arbeiten von Studenten, Hochschullehrern und anderen Akademikern als eBook und gedrucktes Buch. Die Verlagswebsite www.grin.com ist die ideale Plattform zur Veröffentlichung von Hausarbeiten, Abschlussarbeiten, wissenschaftlichen Aufsätzen, Dissertationen und Fachbüchern.

Besuchen Sie uns im Internet:

http://www.grin.com/

http://www.facebook.com/grincom

http://www.twitter.com/grin_com

Im Rahmen des Kurses

Argumentation und wissenschaftliches Schreiben

an der Karl-Franzens-Universität Graz

Essay

Gibt es wissenschaftliche Belege dafür, dass Kinder unter der Berufstätigkeit ihrer Mütter leiden? Inwiefern divergiert hier die öffentliche Meinung im europäischen Raum?

Julie Wimmer
20.06.2011

Gibt es wissenschaftliche Belege dafür, dass Kinder unter der Berufstätigkeit ihrer Mütter leiden? Inwiefern divergiert hier die öffentliche Meinung im europäischen Raum?

Wir befinden uns im 21. Jahrhundert. Alte Klischees über die Frau die nur am Herd steht sind überwunden. Frauen haben das Wahlrecht erhalten und dürfen studieren. Man könnte meinen, dass die Feministinnen gesiegt haben und die Gleichberechtigung der Frau vollzogen ist. Dies mag vielleicht aus rechtlicher Sicht geschehen sein, doch andererseits hinken die Frauen dem männlichen Geschlecht insbesondere den beruflichen Aufstiegschancen enorm hinterher. Etwa bis zum 30. Lebensjahr sind Männer und Frauen vergleichbar in ihrem beruflichen Erfolg. Dann erfolgt ein „Knick". Frauen bekommen in diesem Alter für gewöhnlich ihr erstes Kind, was sie dazu zwingt im Schnitt zweieinhalb Jahre zu Hause zu bleiben. Dadurch verpassen sie „völlig den Anschluss an die Karriere". (Vgl. Piniek & Riederer, 2007)

In Deutschland haben die Frauen im Schnitt 1,37 Kinder. Optimal wären aus Sicht eines stabilen Bevölkerungswachstums allerdings zwei Kinder. Diese Quote hat Frankreich beinahe erreicht. (Vgl. Gillmann, 2009). An dieser Stelle muss man sich also fragen, warum es diesen Unterschied gibt. Hierfür kann es vielerlei Gründe geben. Mögliche Ursachen sind beispielweise fehlende Kinderbetreuungsstätten oder unterschiedliche Einstellungen zur mütterlichen Berufstätigkeit und deren Auswirkungen auf den Nachwuchs.

Besonders Psychologen sehen ihre Aufgabe darin zu erforschen, ob Kinder unter der Berufstätigkeit ihrer Mütter leiden. Es gibt viele Studien zu diesem Thema und ihre Ergebnisse haben sich innerhalb der letzten 20 Jahre stark verändert. Im letzten Jahrhundert war die Forschung der Meinung, dass für die optimale Entwicklung eines Kindes die Anwesenheit seiner Mutter zwingend erforderlich ist. Der Großteil der aktuelleren Studien geht genau in die andere Richtung und spricht sich für die Ungebundenheit der Frau aus.

Nach neuern Studien wird die kindliche Entwicklung nicht von der mütterlichen Berufstätigkeit behindert. Allerdings gilt dies nur unter einigen Einschränkungen. Die Kinder sollten nicht vor dem 9. Lebensmonat von der Mutter getrennt werden. Denn bis zu diesem Stadium ist die Anwesenheit der Mutter für das Kind hinsichtlich seiner Bindung zur Mutter sehr entscheidend. Wenn hier das Kind von der Mutter getrennt ist, kann keine „sichere Bindung" aufgebaut werden. Zudem ist es vorteilhaft, wenn alle an der Erziehung Beteiligten einen autoritativen Erziehungsstil anwenden, der sich durch viel Wärme und zugleich viel Kontrolle gegenüber dem Kind auszeichnet. Neben diesen Faktoren ist aber zu erwähnen, dass es immer noch das wichtigste ist, *dass* das Kind überhaupt betreut wird und sich nicht sich selbst überlassen wird. (Vgl. Siegler, DeLoache, & Eisenberg, 2005, S.685 ff.) Diese eben genannten Kriterien sind größtenteils anerkannt. Der Einfluss der Fremdbetreuung auf die kognitive Entwicklung ist im Gegensatz dazu sehr umstritten. Denn einerseits gibt es Ergebnisse, dass fremdbetreute Kinder später aggressiver und ungehorsamer sind, andererseits schneiden Kinder aus qualitativ besseren Einrichtungen bei Vorschultests besser ab als Kinder in qualitativ schlechteren Einrichtungen. Aber man muss sich erstmals fragen, was überhaupt die Qualität einer Betreuungsstätte ausmacht.

Minimalanforderungen für Kindertagesstätten der *American Acadamy of Pediatrics* und der *American Public Health Association* fordern eine Betreuungsquote von drei zu eins für Kinder zwischen sechs und 15 Monaten; vier zu eins bei Zweijährigen und sieben zu eins bei Dreijährigen. Zudem wird eine maximale Gruppengröße von sechs bei Kindern zwischen sechs und 15 Monaten, acht bei Zweijährigen, 14 bei Dreijährigen und selbstverständlich eine ordentliche Ausbildung für das Betreuungspersonal in Entwicklungspsychologie, Früherziehung oder in einem verwandten Gebiet gefordert. (Vgl. Siegler, DeLoache, & Eisenberg, 2005, S.693 ff.) Wenn diese Kriterien erfüllt sind, können sich die Eltern sicher sein, dass ihr Kind gut aufgehoben ist und keine Beeinträchtigungen in der Entwicklung stattfindet.

Im Allgemeinen hat die Qualität der Betreuungsstätte jedoch nur geringe Auswirkungen auf die Entwicklung der Kinder. Man spricht hier von einer kleinen Effektgröße. Die NICHD-Langzeitstudie an 1300 US-Kindern ergab, dass es hauptsächlich auf die Eigenschaften der Familie ankommt und nicht auf die Art und den Umfang der Kinderbetreuung. (Vgl. Eunice Kennedy Shriver National Institute of Child Health and Human Development, 2006, S.22) Nicht zu vernachlässigen sind die positiven Aspekte der Fremdbetreuung und der mütterlichen Berufstätigkeit. Kinder haben durch eine Fremdbetreuung mehr Möglichkeiten. Bereits im Kleinkindalter können sie soziale Kompetenzen im Umgang mit ihren Peers erlernen. Besonders in eher weniger „gebildeten" Familien kann die Fremdbetreuung eine kognitive Anregung für den Nachwuchs darstellen und die Entwicklung sogar fördern. Gegner der mütterlichen Berufstätigkeit könnten einwerfen, dass sich im Jugendalter negative Effekte ergeben können. Einst fremdbetreute Babys sind später im Schnitt aggressiver als Gleichaltrige und Söhne berufstätiger Mütter haben in der Oberstufe im Durchschnitt schlechtere Schulleistungen. Andererseits haben sowohl Töchter als auch Söhne berufstätiger

Mütter höhere Bildungs- und Berufsziele. Sie sehen Männer und Frauen zudem eher als gleichberechtigt an. (Vgl. Siegler, DeLoache, & Eisenberg, 2005, S.685 ff.)

Diese positiven Aspekte können unteranderem ein Grund dafür sein, dass in nicht-deutschsprachigen Ländern die Einstellung zur Fremdbetreuung und Berufstätigkeit der Mutter eine viel positivere ist. Besonders in Ländern wie Frankreich und Schweden ist die Kinderbetreuung erklärte „Staatssache" und dadurch werden die berufstätigen Mütter besonders durch die Bereitstellung von Betreuungsstätten sehr entlastet. Diese Entlastung von Seiten des Staates und die damit verbundene Akzeptanz in der Bevölkerung sind entscheidend für die Berufstätigkeit von Müttern. Hierbei ist es interessant einen internationalen Vergleich in Bezug auf die Akzeptanz der arbeitenden Mutter zu machen.

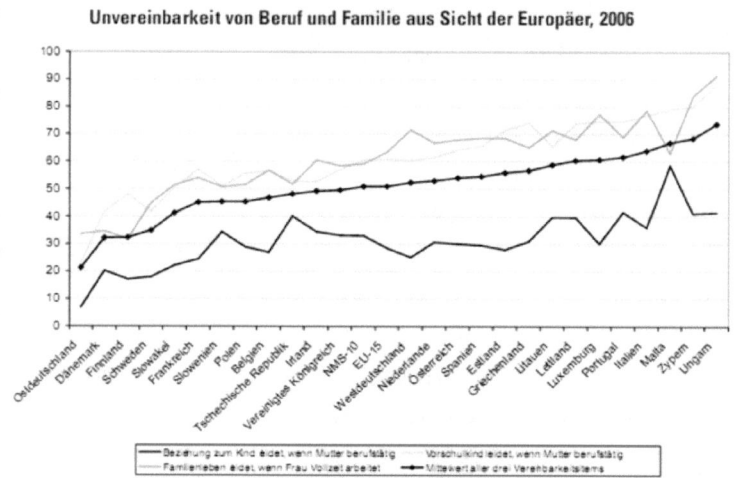

Abbildung 1: Unvereinbarkeit von Beruf und Familie aus Sicht der Europäer, 2006. (Scheuer & Dittmann, 2007, S. 2)

Anhand von Abbildung 1 kann man erkennen, dass es sehr unterschiedliche Ansichten bezüglich der Unvereinbarkeit von Familie und Beruf in Europa gibt. Besonders interessant ist, dass neben Ostdeutschland besonders skandinavische Länder dieser Familienform eher zugetan sind, als andere europäische Länder. Südlichere Länder wie Spanien oder Italien scheinen in dieser Hinsicht noch konservativer zu sein, als der deutschsprachige Raum. Aus der Grafik wird auch ersichtlich, dass die Literatur trotz eines vereinten Deutschlands immer noch zwischen Ost und West unterscheidet. In den östlichen Bundesländern ist man durch die DDR das Bild der erwerbstätigen Mutter gewöhnt. In Westdeutschland kann man sich hingegen zwischen privater Betreuung und dem Verlangen nach mehr staatlicher Präsenz in der Kinderbetreuung nicht entscheiden. Zudem herrscht das Bild der Frau, welche lediglich Reproduktionsarbeit betreibt. Schweden und Frankreich haben hingegen das Leitbild einer Familie in der Mann und Frau in derselben Weise erwerbstätig sind. (Vgl. Veit, 2003, S. 12f.)

In Abbildung 2 werden die Folgen dieser Einstellungen durch einen Vergleich der drei Länder deutlich. Es wird gezeigt, wie viele Kinder sich ab welchem Alter in Kinderbetreuungsstätten in Schweden, Frankreich und Deutschland befinden. Dabei geht hervor, dass besonders in Schweden die Kinder schon sehr früh fremdbetreut werden und in Frankreich ab dem dritten Lebensalter des Kindes sich beinahe alle Kinder in solchen Institutionen wiederfinden. In Deutschland ist diese Zahl der Kinder verhältnismäßig klein. Nur 10% der Kleinkinder bis drei Jahren werden fremdbetreut. Dies bedeutet als Umkehrschluss, dass 90% der Frauen[1] mindestens drei Jahre in ihrem Berufsleben pausieren. Das erschwert den Frauen den Wiedereinstieg in den Beruf und verschlechtert ihre Karrierechancen.

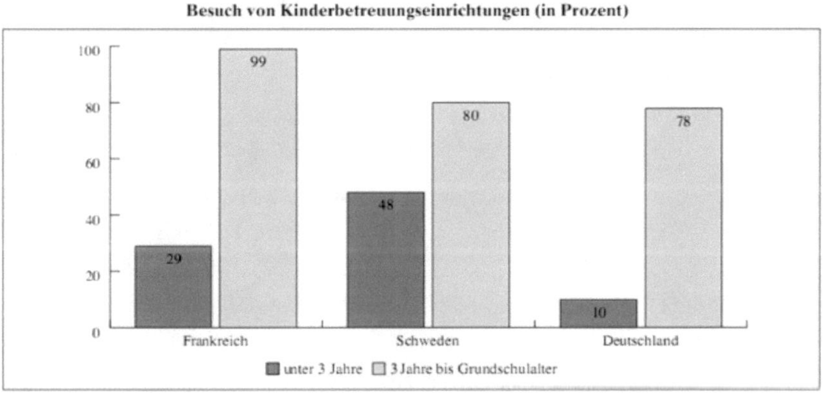

Besuch von Kinderbetreuungseinrichtungen (in Prozent)

Abbildung 2: Besuch von Kinderbetreuungseinrichtungen (in Prozent) in Frankreich, Schweden und Deutschland. (Veit, 2003, S. 13)

Diese Gegebenheiten machen deutlich, dass grundlegende Unterschiede in Europa herrschen. „In Deutschland fehlt die Ganztagsbetreuung: Nur für 8,5 Prozent der Kinder unter drei Jahren und für 14,3 Prozent der Schulkinder steht ein Krippen- oder Hortplatz zur Verfügung"

---

[1] Womöglich kann man an dieser Stelle noch ein paar Prozent abziehen, falls der Vater sich entscheidet die Kinderbetreuung zu übernehmen und dafür zu Hause zu bleiben. Allerdings ist diese Zahl so gering, dass man sie vernachlässigen kann.

(Piniek & Riederer, 2007). Als Ausgleich dazu verfügt Deutschland über den größten Anteil der nicht staatlichen Kleinkindbetreuung.

Im Kopf hat sich Deutschland bereits dazu entschieden, dass Zwei-Verdiener-Modell zu vertreten. Jedoch bleibt die Realisierung aufgrund der fehlenden flächendeckenden Kinderbetreuung auf der Strecke. Dies ist sehr anschaulich in Abbildung 3 ersichtlich. Hier sieht man jedoch auch, dass der in Deutschland erwünschte Teil der Vollzeitarbeit beider Partner trotzdem niedriger ist, als es in Frankreich und Schweden längst Realität ist. (Vgl. Veit, 2003, S. 12).

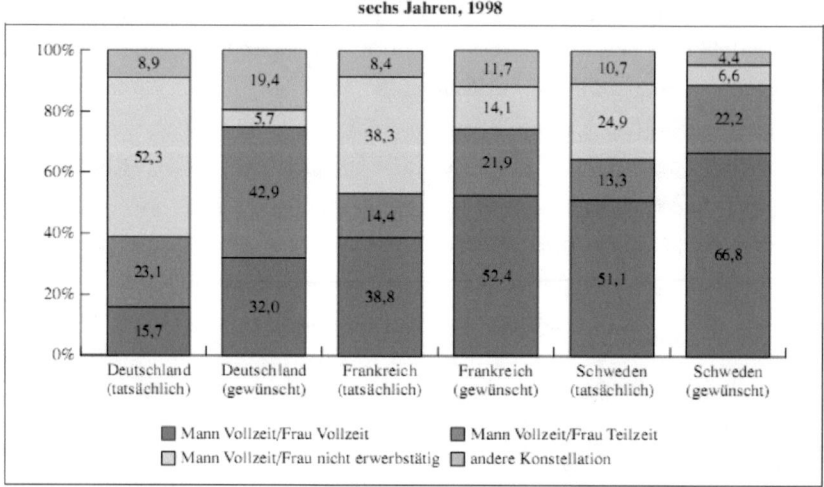

Abbildung 3: Gewünschte und ausgeübte Erwerbsmuster von Paarhaushalten mit Kindern unter sechs Jahre, 1998. (Veit, 2003, S. 14)

Man kann zusammenfassend sagen, dass gerade in Deutschland zwar der Wunsch nach der berufstätigen Mutter da ist, aber die dafür nötigen Ressourcen in Form von staatlicher Kinderbetreuung noch nicht vorhanden sind. Auch die allgemeine Akzeptanz dieser neuen Familienform ist noch nicht verbreitet (vgl. Abbildung 1), obwohl neuste psychologische Forschungen den Raum dafür lassen würden und es sogar befürworten würden.

So ist es hoffentlich nur noch eine Frage der Zeit bis sich in den Köpfen diese Einstellungen ändern und eine berufstätige Mutter sich auch nirgends mehr als „Rabenmutter" bezeichnen lassen muss.

Literaturverzeichnis

Eunice Kennedy Shriver National Institute of Child Health and Human Development. (2006). *The NICHD Study of Early Child Care and Youth Development (SECCYD):.* Abgerufen am 25. Juni 2011 von Findings for Children up to Age 4 1/2 Years: http://www.nichd.nih.gov/publications/pubs/upload/seccyd_06.pdf

Gillmann, B. (29. Juli 2009). *Handelsblatt.* Abgerufen am 29. Juni 2011 von Akademikerinnen bleiben oft kinderlos: http://www.handelsblatt.com/politik/deutschland/akademikerinnen-bleiben-oft-kinderlos/3228910.html

Piniek, M., & Riederer, M. (04. April 2007). *ARD.* Abgerufen am 28. Juni 2011 von "Rabenmutter" contra "Heimchen am Herd": http://www.ard.de/zukunft/kinder-sind-zukunft/kinder-sind-gold-wert/hochqualifizierte-frauen-als-muetter/-/id=520620/nid=520620/did=550704/1s05pls/index.html

Scheuer, A., & Dittmann, J. (Juli 2007). *ISI 38.* Abgerufen am 27. Juni 2011 von Berufstätigkeit von Müttern bleibt kontrovers: http://www.beruf-und-familie.de/system/cms/data/dl_data/1bb83a55c174e3875038f5acaff0ec97/ISI_Berufstaetigkeit_38_2007.pdf

Siegler, R. S., DeLoache, J., & Eisenberg, N. (2005). *Entwicklungspsychologie im Kindes- und Jugendalter.* Heidelberg: Spektrum Verlag.

Veit, M. (27. Oktober 2003). *Aus Politik und Zeitgeschichte.* Abgerufen am 29. Juni 2011 von Kinderbetreuungskulturen in Europa: Schweden, Frankreich, Deutschland: http://www.bpb.de/files/RXFU7L.pdf